CHAMBRE DE COMMERCE

DE MARSEILLE

RÉFORME DE LA LOI DE 1884

SUR LES

SYNDICATS PROFESSIONNELS

RAPPORT

Présenté par M. Paul FOURNIER

MEMBRE DE LA CHAMBRE DE COMMERCE

*Et adopté par la Chambre de Commerce de Marseille
dans sa Séance du 8 Décembre 1905*

MARSEILLE

TYPOGRAPHIE ET LITHOGRAPHIE BARLATIER

19, Rue Venture, 19

1906

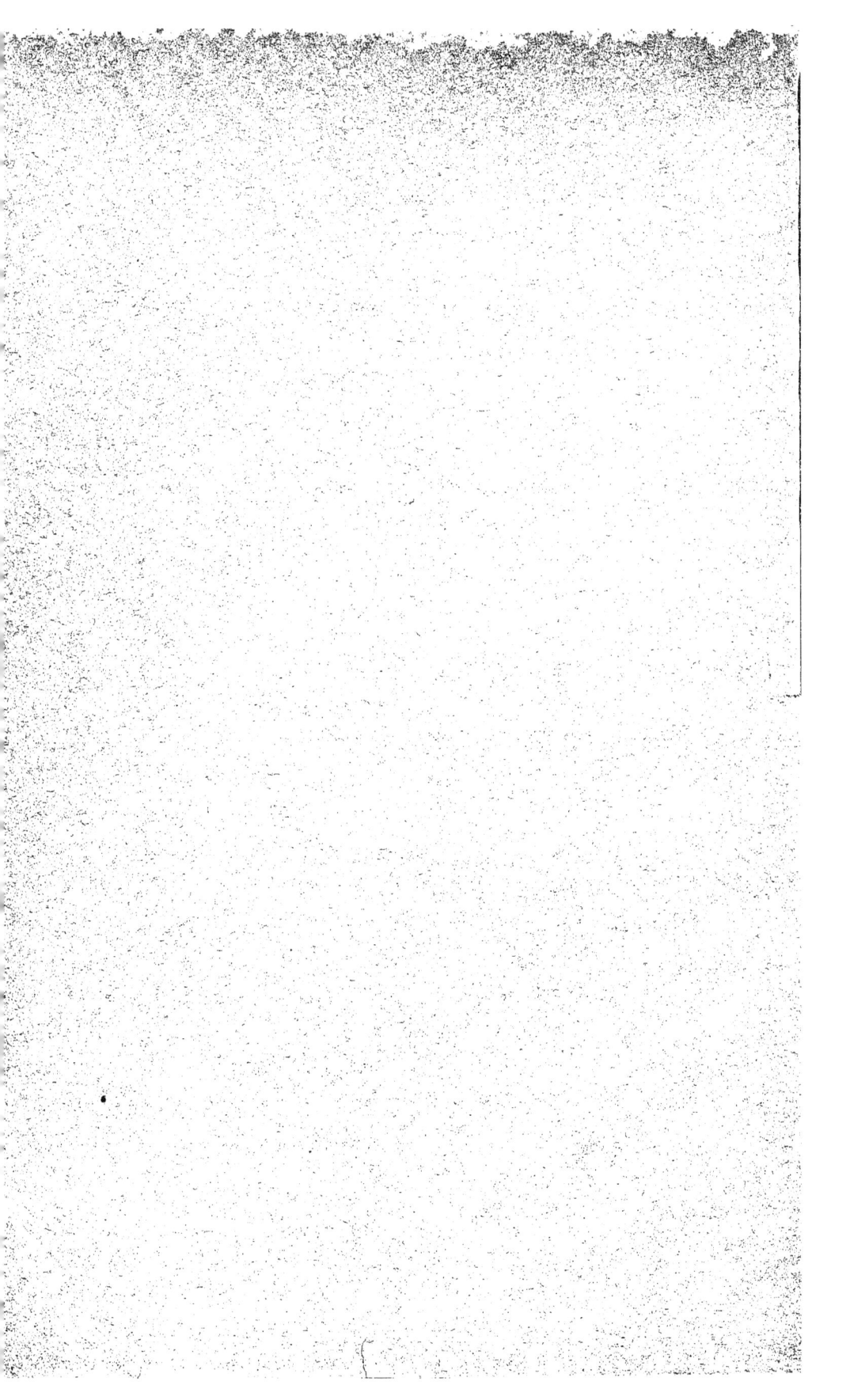

CHAMBRE DE COMMERCE
DE MARSEILLE

RÉFORME DE LA LOI DE 1884

SUR LES

SYNDICATS PROFESSIONNELS

———

RAPPORT

Présenté par M. Paul FOURNIER

MEMBRE DE LA CHAMBRE DE COMMERCE

Et adopté par la Chambre de Commerce de Marseille
dans sa Séance du 8 Décembre 1905

MARSEILLE

TYPOGRAPHIE ET LITHOGRAPHIE BARLATIER

19, Rue Venture, 19

—

1906

CHAMBRE DE COMMERCE DE MARSEILLE

EXTRAIT DU REGISTRE DES DÉLIBÉRATIONS

Séance tenue le 8 Décembre 1905

M. PAUL FOURNIER présente, au nom de la Commission de Législation, le rapport suivant sur la Réforme de la loi de 1884 sur les Syndicats Professionnels :

Messieurs,

Les lois qui forment la législation d'un pays ne peuvent pas, au même degré, être soustraites à l'influence des fluctuations de la vie nationale. Tels principes qui demeurent immuables et imprescriptibles imprimeront à certaines règles de la justice un caractère absolu d'intangibilité; il ne saurait en être de même de certaines lois spèciales comme celles qui régissent, par exemple, les rapports du capital et du travail, et dont les prescriptions doivent forcément suivre l'évolution des conditions économiques de la Société. Là se trouve l'excuse des hésitations, des tâtonnements qui accompagnent, lorsqu'elle s'exerce sur ce domaine, l'action du législateur; et l'on comprend aisément que les lois élaborées au milieu de tant d'incertitudes ne sauraient atteindre, du premier coup, la perfection qui conviendrait

1

à leur objet. Mais il importe, quelle que soit cependant l'exactitude de ce principe, de se mettre en garde contre la tentation en laquelle il pourrait nous induire de préparer, dès que l'application des lois nouvelles fera apparaître quelques difficultés ou quelques lacunes, des réformes dont la fréquence et la précipitation aboutiraient, en matière législative, à l'incohérence et aux conséquences fâcheuses qui ne manqueraient pas d'en découler.

Peut-être n'était-il pas superflu de mettre cette vérité en pleine lumière au moment d'aborder l'examen du projet de réforme de la loi de 1884 sur les Syndicats professionnels.

Le rapport présenté au Parlement par M. Barthou, au nom de la Commission du travail, sur cette question d'une haute portée sociale, passe en revue quatre propositions de loi présentées à différentes époques par MM. Lemire, Dejeante, Millerand et Vaillant. La Commission Parlementaire ne s'est approprié aucune de ces propositions mais elle s'est inspiré de leurs critiques et des préoccupations dont elles se faisaient l'écho, pour édifier un système de réformes considérable dans son objet et dans ses conséquences, et qui constitue un bouleversement à peu près complet de la loi qu'elle prétend seulement amender.

Mais avant d'entreprendre l'analyse de ce projet, il importe essentiellement d'examiner les considérations générales sur lesquelles s'appuie la Commission du Travail pour en réclamer l'urgence et en justifier l'opportunité.

La loi de 1884, offerte aux travailleurs «comme un instrument de libération et d'émancipation» n'a pas produit — c'est la Commission qui le déclare — les résultats qu'on en pouvait attendre. Si l'on se rapporte à la statistique de l'Office du travail, on constate en effet que non seulement les syndicats n'englobent pas, à beaucoup près, la majorité des ouvriers, mais que la proportion des ouvriers français syndiqués est très inférieure à celle des ouvriers anglais, américains et allemands. M. Barthou évaluait, en 1903, à une moyenne de 10 o/o seulement le nombre d'ouvriers qui faisaient partie de syndicats et il dénonce l'opposition que les patrons firent, dès le début, à la loi sur les syndicats, comme la cause première de cet insuccès. Dans l'exposé de ses griefs à l'endroit du patronat, une chose a lieu de nous surprendre, c'est qu'il puise surtout à l'étranger, en Angleterre et en Amérique, les exemples d'opposition au développement de l'institution des syndicats professionnels, pour en arriver d'ailleurs reconnaître, avec MM. Trarieux et Burdeau, que les patrons s'étaient mépris 'sur les intentions du législateur, et qu'ils avaient « montré surtout de la défiance », ce qui atténue singulièrement le caractère de l'opposition incriminée. Finalement, il en vient à déclarer qu'il serait injuste de ne pas reconnaître que l'hostilité des patrons à la loi de 1884 s'est presque complè- tement dissipée. « Ils semblent, dit-il, avoir pris à la fois l'habitude et leur parti des syndicats. Là où des organi- sations sérieuses, composées d'ouvriers de la profession, ont poursuivi l'amélioration des conditions du travail, sans brusquerie, dans un esprit de conciliation, elles ont généralement rencontré, de la part des patrons, une conciliation égale »…..

La seconde cause à laquelle le rapporteur attribue la lenteur de l'expansion des associations professionnelles est l'attitude de certains syndicats ouvriers qui ont trop souvent fait passer les préoccupations et les revendications politi- ques avant la défense des intérêts professionnels pour les- quels ils avaient été constitués. Il serait édifiant de suivre M. Barthou dans le consciencieux inventaire qu'il dresse des manifestations auxquelles les congrès ouvriers se sont livrés à l'occasion des réformes proposées au cours de ces der- nières années, disqualifiées à leurs yeux par leur caractère d'initiative gouvernementale et parlementaire « c'est-à-dire bourgeoise ». Mais le cadre de cette étude en serait beaucoup trop élargi.

Je me reprocherais cependant de ne pas extraire le suc de ces déclarations qui nous apprennent « qu'il est immoral, « contre-révolutionnaire, stupide de demander quelque « chose à l'autorité », et que « les chambres syndicales, si « elles se proposent sérieusement l'émancipation des tra- « vailleurs, doivent être d'avance résolues à n'être pas auto- « risées par la loi » ; — qu' « une liberté octroyée par la loi « imposerait au prolétariat des obligations contraires à son « but et que les chambres syndicales n'ont pas d'autre rôle « à jouer qu'à rester le foyer de l'idée révolutionnaire. » Du reste, lors de sa promulgation, la loi de 1884 avait été qualifiée par le Congrès de Rennes « d'œuvre de police et de réaction ». En 1886, M. Dumay déclarait qu'elle n'était « qu'un traquenard tendu aux travailleurs ». Le Congrès de l'Union fédérative du Centre, tenu à Paris en 1894, la condamnait comme « attentatoire aux libertés syndicales et « politiques de la classe ouvrière tout entière » et invitait les groupements ouvriers à « résister à ses effets en entrant « résolument dans le mouvement international et d'action « révolutionnaire. » Néfaste aussi était le projet Guieysse sur les retraites ouvrières, dans lequel on dénonçait les menées de la « philanthropie bourgeoise, sœur jumelle de la « charité chrétienne. » Néfaste encore le projet Millerand sur la réglementation des grèves, « plus attentatoire que tout « autre aux droits de défense des spoliés contre les « spoliateurs. »

Il est presque superflu de dire qu'une profonde divergence de vues existe dans l'appréciation de ces réformes entre les socialistes « parlementaires » et les socialistes « syndicaux », mais on conçoit aisément aussi qu'ils ne soient séparés sur ce sujet que par une question de tactique. M. Jaurès le définit très explicitement. S'il préfère l'action politique, c'est parce que « le pouvoir politique est aux mains « de la classe capitaliste et qu'il faut s'en emparer pour en « faire l'instrument nécessaire de la libération ». Vous entendez bien ce que cela veut dire. A défaut, une résolution prise par le Congrès national du parti ouvrier tenu à Paris en 1891 dissiperait toute équivoque... Le Congrès décide : « 1° Les groupements syndicaux et politiques doivent être « favorisés par une active propagande ; 2° les groupements, « une fois généralisés dans une entente commune, la grève « générale, nationale et internationale doit être décrétée, et « elle pourra peut-être précipiter le dénouement par la « révolution sociale, but de nos efforts ».

Je n'insisterai pas davantage sur ce sujet que M. Barthou traite avec beaucoup d'ampleur. mais je gage que vous lui ferez crédit sans effort lorsqu'il reproche aux syndicats la fréquence et la violence de leurs manifestations en faveur d'une politique révolutionnaire.

Dans les conclusions générales de son exposé, le rapporteur traite d'une façon vraiment magistrale une question qui n'a pas de liens directs apparents avec l'objet de son étude, mais qui se trouve, en fait, au fond de tous les problèmes qu'elle embrasse. C'est, en effet, avec une grande fermeté — il importe que nous ne le perdions pas de vue — qu'il dénonce « la tendance des syndicats à revêtir la forme « obligatoire, soit par les dispositions de la loi, soit par la « rigueur de leurs règlements intérieurs et leur action « disciplinée contre les non-syndiqués ». Cette grave question mérite de retenir quelques instants notre attention : les réflexions qui s'en dégagent sont, en effet, de nature à exercer une certaine influence sur les délibérations que vous aurez à prendre.

On ne saurait choisir une meilleure formule, pour résumer la théorie de l'honorable rapporteur et situer exactement la position qu'il prend dans ce débat, qu'une définition de M. Waldeck-Rousseau qui précise à merveille l'esprit de la loi de 1884. Avec la clarté d'exposition qui était une de ses plus brillantes qualités, ce jurisconsulte disait, à propos des syndicats professionnels : « On peut concevoir une méthode

« qui se croira plus simple que les hommes eux-mêmes,
« c'est la conception tyrannique, et j'emploie ce mot dans
« son sens scientifique. Elle ne suppose d'ailleurs et n'admet
« aucune concession ; appliquée au travail, elle a jadis
« trouvé sa formule et son expression dans la Corporation.
« Elle règle tout : le nombre des corporations, le nombre
« des artisans, celui des compagnons et des apprentis, la
« production, la fabrication et les modes de fabrication.
« Mais un tel édifice est tout d'une pièce, tout s'y tient, et, si
« on y pratique une brèche, tout s'écrase. Nous avons choisi
« *la liberté, faisons lui confiance,* ne lui assignons point
« d'autres limites *que celles de l'ordre public* au delà
« desquelles il n'y a point de liberté véritable. »

La plupart des hommes qui ont pris à tâche d'amender
les effets de l'abolition trop radicale des corporations par la
Constituante se sont inspirés de ces principes et ont heureu-
sement cherché à concilier les intérêts imprescriptibles de
la liberté individuelle avec les avantages qui pouvaient
résulter pour la société de la reconstitution de groupements
professionnels. Il ne faut pas se dissimuler néanmoins qu'un
important mouvement s'est dessiné en faveur du syndicat
obligatoire, dans lequel se sont fortuitement rencontrés, avec
les socialistes (dont je m'étonne que l'adhésion à cette
théorie cause quelque surprise à M. Barthou) les partisans
chimériques de la corporation chrétienne. Mais le retour à
un état de choses, dont les résultats ont conduit le travail à
une si retentissante faillite, ferait-il, dans les conditions
économiques actuelles de la production, un sort différent
au système de l'oppression et de la contrainte ? Il est permis
d'en douter... Il serait prudent, dans l'intérêt de la prospérité
publique, que l'on se gardât d'en tenter l'expérience.

Telles sont, aussi succinctement résumées que possible,
les considérations générales, assez peu convaincantes du
reste, d'où l'on prétend dégager la pressante nécessité de
réformer la loi de 1884. Une analyse plus minutieuse des

réformes proposées vous permettra de juger d'une manière plus décisive si l'urgence de leur institution vous paraît vraiment s'imposer comme conséquence des résultats de la loi sur les syndicats professionnels.

Les propositions de la Commission du Travail tendent à quatre objets dont la simple énonciation mettra en relief, devant vos yeux, l'importance capitale de la réforme dont il s'agit.

C'est d'abord, au sujet de la composition des syndicats professionnels, le droit de se syndiquer que l'on se propose d'étendre presque sans limite aux anciens ouvriers, puis aux membres des professions libérales. et enfin, avec une importante restriction, aux employés et ouvriers de l'Etat, des départements et des communes.

C'est ensuite le bénéfice des avantages actuellement attribués aux Syndicats dont on réclame la concession aux Unions de syndicats.

Puis c'est l'extension de la personnalité civile et de la capacité juridique dont on préconise l'attribution aux Syndicats en même temps que la capacité commerciale, accompagnée de privilèges qui dégagent ceux-ci des liens du droit commun.

C'est enfin, sous couleur de mieux définir les sanctions destinées à assurer le libre exercice de la loi de 1884, l'institution d'une nouvelle base de répression des atteintes portées au droit de se syndiquer; la consécration légale de la mise en interdit dans des circonstances assez vaguement définies pour être dangereuses; et, finalement, l'abrogation des articles 414 et 415 du Code pénal, sous prétexte que les tribunaux pourraient abuser de leur rigueur dans la répression des voies de fait, des manœuvres frauduleuses ou des coalitions qui n'accompagnent que trop souvent les grèves,

Telles sont les quatre réformes dont nous allons scrupuleusement examiner le sens et la portée.

I. -- Composition des Syndicats professionnels

1° *Anciens ouvriers*

« Les syndicats ou associations professionnelles même
« de plus de vingt personnes exerçant la même profession,
« des métiers similaires ou des professions connexes
« concourant à l'établissement de produits déterminés,
« pourront se constituer librement, sans l'autorisation du
« gouvernement. » Tel est le texte qui définit la composition
des syndicats professionnels et détermine les qualités des
personnes appelées à en faire partie.

Il est manifeste que cet article, pris au pied de la lettre,
exclut du bénéfice de l'association syndicale l'ouvrier qui a
quitté son métier. Les tribunaux, à de fréquentes reprises, se
sont prononcés dans ce sens. Des syndicats ont été dissous
pour avoir contrevenu à la loi ; d'autres ont été contraints
de modifier des statuts qui ne répondaient pas aux exigences
de la légalité. Bref une jurisprudence constante parais-
sait à peu près formée lorsqu'une espèce assez curieuse
appela sur elle l'attention du législateur. Ce fut M. Basly,
dont l'intervention ouvrit, en 1891, sur cette question, la
discussion parlementaire. Dans une interpellation retentissante, ce député fit ressortir l'étrange situation d'ouvriers
qui avaient été remerciés par leur patron à cause de leur
qualité de syndiqués, et qui devaient cesser de faire partie de
leur syndicat pour avoir été forcés d'abandonner leur profession. L'impression causée par cet exemple fut considérable, sans doute parce que l'on découvrait au fond de
l'incident un stratagème dont l'emploi pouvait être généralisé
et servir à *décapiter* les syndicats. Devant l'émotion soulevée
par cette communication, le gouvernement dut prendre
l'engagement d'amender la rigueur de la loi : il proposa au

Parlement d'autoriser à *demeurer* dans leurs syndicats les
membres d'une profession qui l'auraient exercée pendant
cinq ans et qui n'en auraient pas cessé l'exercice depuis plus
de dix ans. Cette disposition fut votée par la Chambre à une
importante majorité, mais le Sénat la repoussa presque sans
forme de procès dans la crainte que cette réforme donnât à
une certaine catégorie d'agitateurs le moyen de s'introduire
dans les associations syndicales, d'en fausser l'esprit et de
les détourner de leur objet. Entre temps, la situation se
tendait de plus en plus entre la justice et les syndicats qui
se constituaient avec un parfait mépris de la jurisprudence.
Aussi convient-il de ne pas laisser durer plus longtemps une
équivoque dont procèdent de si étranges conflits.

Au demeurant, il est un peu téméraire de soutenir la
thèse que la jurisprudence, prenant au pied de la lettre la
loi de 1884, tendait à faire prévaloir. Une fois admise la
légitimité des syndicats professionnels, sur quelles raisons
s'appuiera-t-on, en effet, pour fermer la porte d'un syndicat
à des ouvriers qui n'ont pas quitté leur profession sans
esprit de retour et qui y conservent, dans certaines circonstances, des intérêts personnels ? L'arbitraire de cette
prétention devient plus flagrante si l'on entend refuser aux
syndiqués le droit de confier la gestion de leurs intérêts à
des hommes dont la capacité professionnelle aura été
consacrée. Ne vaut-il pas mieux, dans maintes conjonctures,
que les syndiqués appelés à administrer les affaires de leur
groupe lui consacrent tout leur temps et fassent de cette
gestion leur occupation exclusive, plutôt que de s'occuper
de leur mandat, au double détriment des intérêts dont ils
ont la charge et du patron qui les emploie ? La seule
objection qui puisse être raisonnablement formulée contre
cette opinion a pour base la crainte de voir l'administration des syndicats tomber aux mains de conseils qui
ne font pas toujours de l'influence et de l'autorité qu'ils
acquièrent sur leurs camarades l'usage qu'ils devraient en

faire, — *c'est la crainte des meneurs*. Cette question est amplement traitée dans le rapport de M. Barthou : je conviens volontiers qu'il faudrait avoir étrangement peur des mots pour voir dans des administrateurs qui consacreront tout leur temps aux intérêts dont ils auront la garde et leur donneront le concours d'une compétence plus éprouvée, des conseillers nécessairement malfaisants et uniquement propres à détourner les syndicats de leur objet. Le contraire pourrait également se soutenir sans paradoxe.

Il y aurait bien des raisons à faire valoir à l'appui de cette thèse si je ne craignais, messieurs, d'abuser véritablement de votre attention sur un point dont la solution ne provoquera pas de vives controverses.

Qu'il me suffise de vous faire connaître que la Commission du Travail, entrant dans les mêmes vues, mais concevant également la nécessité d'instituer des garanties contre l'intrusion dans le syndicat d'éléments qui ne se soucieraient de rien moins que des intérêts professionnels, propose de modifier le texte de l'article 2 de la loi de 1884 en y ajoutant un paragraphe ainsi conçu : « Pourront *continuer* à faire « partie d'un syndicat professionnel les personnes qui « auront abandonné l'exercice d'une profession, et pourront « *y entrer* celles qui, ayant exercé la profession pendant « cinq ans au moins, ne l'auront pas quittée depuis plus de dix ans ».

A y regarder de près, les garanties que la Commission a eu manifestement l'intention d'introduire ici sont-elles formellement inscrites dans la rédaction de ce texte ? Il me semble au contraire que la première partie de l'article laisse la porte ouverte, par pure inadvertance, au danger qu'on a voulu écarter. Ne vaudrait-il pas mieux réparer d'un coup cette erreur que de s'y trouver tardivement amené devant la menace des conflits qu'elle ne manquera pas de soulever ? Sous la sauvegarde de cette formule imprudente, telle personnalité que le législateur a voulu viser par les garanties spéciales qu'il édicte pourra fort aisément pénétrer dans une profession, y travailler, ou même y chômer pendant le temps nécessaire pour se faire inscrire dans un syndicat... puis *continuer* à faire partie de celui-ci après avoir jeté l'inutile outil auquel ses mains n'auront pas eu le temps de s'accoutumer. Cette éventualité, dont la réalisation n'est que trop aisée à prédire, me paraît être si manifestement l'objet des appréhensions de la Commission qu'on ne peut voir, dans la formule qui la néglige, qu'une lacune involontaire : il suffira sans doute de la signaler au rapporteur pour qu'il reconnaisse la nécessité de prendre à l'endroit des anciens ouvriers qui voudraient *continuer* à faire partie d'un syndicat des garanties aussi efficaces qu'à l'égard de ceux qui veulent *y entrer.*

2° *Professions libérales*

Le rôle de la magistrature n'étant pas d'interpréter la loi dans son esprit tel qu'il peut se dégager des délibérations qui l'ont préparée, lorsque sa lettre est formelle, il était à prévoir que la constitution de syndicats entreprise par des membres de professions libérales serait l'objet, de la part de la Justice, d'une inflexible réprobation. La Justice ne faillit point à son mandat. Au lendemain de la promulgation de la loi de 1884, un jugement du tribunal de Domfront, appuyé par un arrêt de la Cour d'appel de Caen et sanctionné par la Cour de Cassation, interdisait aux médecins le droit de se syndiquer. Les motifs de ces différentes décisions étaient tellement fermes que les intéressés n'eurent d'autre ressource que de recourir au Parlement et de lui demander de dissiper l'équivoque introduite dans la législation. La loi de 1892 *sur l'exercice de la médecine* autorisa les médecins à se constituer en associations syndicales ; elle ouvrit en même temps la brèche par où doivent passer toutes les professions libérales. Depuis lors, l'hésitation de certains tribunaux à l'égard de professions qui, pour n'avoir pas été favorisées par une loi spéciale, ne devaient pas moins bénéficier d'une tolérance basée sur une certaine analogie de situation, élargit beaucoup cette brèche, d'une manière cependant moins décisive que l'intervention de M. Waldeck-Rousseau. Cet homme d'état, dont l'autorité juridique se doublait en l'espèce de l'autorité spéciale qu'il avait acquise en prenant une part prépondérante à l'élaboration de la loi de 1884, soutint qu'il n'y avait *point de péril pour l'ordre public* à ce que des personnes ayant une même profession ou un même métier constituâssent des associations dont le seul objet serait la défense d'intérêts économiques touchant leur profession ou leur métier. Il n'est point surprenant que l'opinion du principal auteur de la loi ait considérablement influé sur les décisions juridiques ultérieures ; mais, comme la jurisprudence ne saurait se substituer à la lettre de la loi, il nous paraît légitime de demander, avec la Commission du Travail, l'abolition de cette fâcheuse équivoque et l'attribution à toutes les professions libérales, du bénéfice de la loi de 1884,

3° Ouvriers et Employés de l'État, des Départements, des Communes et des Établissements Publics.

Le rapporteur de la Commission du Travail ne se dissimule pas que la question de savoir si la loi de 1884 confère aux ouvriers et employés des services publics le droit de se syndiquer est la plus délicate et la plus complexe que soulève son application. On sait que des évènements récents lui ont donné un caractère de gravité exceptionnelle et que la solution qui lui sera donnée lors des prochains débats qu'elle doit soulever au Parlement peut avoir une inappréciable influence sur le mouvement social de notre pays. Monsieur Barthou ne cache pas qu'elle « intéresse au « plus haut degré l'ordre public, l'unité et la sécurité de « l'État ». Les socialistes y attachent une importance poli-

tique capitale : vous pouvez vous en rapporter à cet égard
aux déclarations des Congrès ouvriers que j'ai citées dans le
préambule de cette étude, mises, d'autre part, en relief par
deux propositions de loi dues à l'initiative de M. Dejeante
et de M. Vaillant. La première de ces propositions résume
nettement, dans une concision calculée, l'esprit dans lequel
elles ont été toutes deux conçues : elle demande que la loi
sur les syndicats professionnels soit « applicable à tous les
« salariés sans distinction ». Il est essentiel de constater et
de prendre acte, avant d'entrer plus avant dans l'analyse de ce
problème, que la loi de 1901 sur les société a singulièrement
modifié la situation des individus qui aspirent à se grouper
pour s'entr'aider et qu'elle leur confère des avantages à
peu de chose près aussi importants que la loi sur les
syndicats.

La discussion va donc se poursuivre — cela devient de
toute évidence — entre les champions du droit à la grève,
avec les conséquences que rêvent d'en tirer les partisans
des mesures extrêmes, et les soutiens de la liberté limitée à
la sauvegarde de l'ordre social.

La Commission du Travail propose de résoudre le problème soulevé par cette question, en attribuant le bénéfice
de la loi de 1884 aux « ouvriers et employés de l'État, des
« départements, des communes et Établissements publics
« *qui ne détiennent aucune portion de la puissance publique* ».
Pour arriver à cette formule dont elle reconnaît elle-même
l'imprécision et dont elle constate qu'elle laissera encore le
champ libre à bien des difficultés, la Commission s'est basée
sur une interprétation de la loi consacrée par l'unanimité
des ministres qui se sont succédés au pouvoir depuis sa
promulgation. Dans des déclarations d'une grande fermeté
et dont certaines ont pris en quelque sorte un caractère
classique, MM. Spuller, J. Roche, Bourgeois, Combes,
Rambaud se sont prononcés contre l'attribution du droit de
se syndiquer à « ceux qui détiennent une portion de la

« puissance publique ». Il a paru à la Commission qu'elle ne saurait trouver de formule plus précise pour définir la catégorie de ceux auxquels il convient de refuser les prérogatives de l'association syndicale, que d'y englober confusément tous ceux qui échappent à cette définition. « La « présente loi est applicable... à tous ceux qui ne détien- « nent pas une portion de la puissance publique ». Mais il se dégage si nettement des débats de la Commission et des commentaires du rapport que ce n'est là qu'une solution arrachée, pour ainsi dire, à la difficulté de préciser — une solution de pis aller — qu'il importe de l'analyser minutieusement, surtout à cause du caractère aigu d'actualité du problème qu'elle a la prétention de trancher.

On n'aurait pas de peine à s'entendre si l'on pouvait nettement diviser les intéressés en deux groupes : les *fonctionnaires* proprement dits et les *employés de gestion*, et si l'on pouvait se mettre uniquement en présence, d'une part, de l'Etat *souverain*, qui dévolue à certains de ses collaborateurs une part de sa souveraineté, et, d'autre part, de l'Etat *patron* à qui les salariés loueraient leurs services comme à un patron quelconque. La distinction est plus délicate à faire qu'il ne paraît à première vue et je crains fort qu'on ne se tire point d'embarras si l'on persiste à considérer l'Etat comme un patron tout à fait ordinaire.

Le cas des fonctionnaires ne souffre aucune controverse. L'Etat ne peut rien abdiquer de sa souveraineté : les éléments qui la composent, c'est-à-dire les fonctionnaires, ne peuvent donc pas entamer ce principe fondamental de la vie sociale en suspendant, pour une cause quelconque, l'exercice des fonctions qui leur sont dévolues. La discussion se limite donc à la situation des employés de gestion. Le directeur de l'Office du Travail, M. Fontaine, a tenté de formuler la différence qui distingue les actes de gestion des actes de puissance publique, mais il convient de sa perplexité devant la difficulté de « marquer le point précis où commence la

« collation d'emplois publics et où finit le contrat de
« louage de services entre les administrations publiques et
« les exploitations nettement industrielles de l'Etat, chef
« d'entreprises ». Le seul critérium de principe sur lequel il
lui paraît que l'on puisse se baser se définit ainsi : « pour les
« employés de l'ordre administratif, le contrat de louage est
« tout à fait exceptionnel, pour le personnel des établisse-
« ments industriels de l'Etat, des départements et des
« communes, il doit se présumer. » Mais M. Fontaine a le
bon goût de ne pas paraître faire grand fonds au point de
vue pratique sur la netteté de sa définition........

Un cas d'une gravité particulière fit faire, en 1894, un
pas à cette discussion quelque peu byzantine. Il s'agissait du
droit, dont entendaient user les employés des chemins de
fer de l'Etat, de constituer une association syndicale.
M. Jonnart, qui le contestait, en sa qualité de ministre des
Travaux publics, proposait en ces termes une distinction un
peu subtile : « Nous reconnaissons parfaitement le droit de
« se syndiquer aux ouvriers qui ne sont pas commissionnés,
« mais nous ne reconnaissons pas le même droit aux
« employés commissionnés dont le traitement est annuelle-
« ment réglé par le budget, parce qu'alors il ne s'agit pas de
« deux intérêts privés en présence : l'intérêt du patron et
« l'intérêt de l'ouvrier. » Il faut convenir que la distinction
était spécieuse. La Chambre y répondit assez cavalièrement,
le 22 mai 1894, par un ordre du jour qui proclamait que
« la loi de 1884 s'applique aux ouvriers et employés des
« exploitations de l'Etat aussi bien qu'à ceux de l'industrie
« privée ». Dès lors ce ne furent que variations et contradictions entre les arrêtés de l'administration et les décisions
de la justice. De nombreux syndicats se formèrent parmi
les ouvriers de l'Etat, qui furent en butte à des fortunes
diverses. Le personnel civil des ateliers militaires ainsi que
celui des services de la marine furent autorisés à se constituer en syndicats. Les cantonniers au contraire virent leur

tentative de groupement échouer contre une décision minis-
térielle. Le syndicat des égoutiers fut dissous par la justice.
Bref, la jurisprudence qui aurait tenté de s'édifier sur ces
décisions contradictoires eût manqué de stabilité.

C'est alors que, devant l'incertitude du sort qui leur
était réservé, divers syndicats, comprenant bien que
l'ordre du jour du 22 mai 1894 ne pouvait cependant pas
créer un droit civil nouveau, demandèrent à être protégés
par des dispositions légales. C'est à leur donner satisfaction
que tendent ici les propositions de la Commission du
Travail. Or il me semble, à comparer l'article 2 de la loi
en vigueur et le paragraphe 3 que l'on se propose d'y
ajouter, que cette modification manque vraiment trop de
précision. Non seulement elle laisserait subsister les hésitations et les perplexités de la Justice, mais elle restreindrait
encore, dans une mesure tout à fait défavorable aux
intéressés, le champ de libre interprétation laissé à
celle-ci; car elle lui imposerait de déclarer, plus souvent
sans doute qu'elle n'eût osé le faire sous le régime de la loi
de 1884 — et non sans une grande apparence de raison —
que les ouvriers et employés salariés de l'Etat sont, en
leur qualité d'auxiliaires de services publics, dépositaires
d'une portion de la puissance publique. L'effet de cet
amendement serait donc de décevoir radicalement et sans
la moindre franchise les espérances de ceux qui ont
demandé la protection de la légalité. En réalité, le meilleur
parti ne serait-il pas de dissiper loyalement une déplorable
équivoque, et de proclamer courageusement que l'Etat
n'est pas un patron ordinaire et que dans la plupart des
cas ses collaborateurs sont des fonctionnaires? Un patron
qui n'a pas de concurrent, qui ne peut pas faire faillite, qui
prélève le salaire de ses ouvriers dans la caisse des contribuables, n'est pas un patron ordinaire. L'Etat, par sa situation, est en mesure de traiter ses employés et ses ouvriers
beaucoup plus largement que ne peuvent le faire les autres

patrons. Il ne néglige point d'user de cette prérogative, et on ne saurait l'en blâmer tant que les prodigalités auxquelles il lui plaît de se livrer ne lui font pas perdre de vue le souci qu'il doit avoir des intérêts des contribuables. Mais encore est-il juste de reconnaître que le privilège de sa situation entraîne le privilège de ses collaborateurs.

S'il fallait un argument de fait pour conquérir votre suffrage à la théorie que les ouvriers de l'État ne doivent pas être traités comme les collaborateurs d'un patron ordinaire, je le trouverais dans l'hypothèse d'une éventualité qui a bien failli, dans une conjecture récente, donner lieu à un déplorable conflit. (On sait de reste d'ailleurs comment les craintes qui ne paraissent, au premier abord, fondées que sur des chimères arrivent à se transformer quelque jour en de tristes réalités.) Je veux parler de la conséquence que pourrait avoir le droit de grève des ouvriers de l'État sur le régime général des salaires. Si bon comptable que soit l'Administration des deniers des contribuables, il est manifeste qu'elle y regarde de moins près, pour la fixation des salaires, qu'un patron auquel la concurrence assigne une limite qu'il ne saurait dépasser sans compromettre irrémédiablement ses intérêts. Est-il besoin d'insister pour montrer quel abus pourraient faire de leur situation des ouvriers de l'État, bénéficiaires indirects d'un monopole, s'ils venaient à se réclamer de leurs avantages pour imposer, par une grève de solidarité, à l'industrie qui emploie des ouvriers d'une profession identique, la concession des salaires élevés qu'ils ne doivent qu'à la faveur d'un privilège ?...

Mais si juste que soit cette thèse, il vous paraîtrait sans doute bien rigoureux que l'on s'en réclamât pour frustrer tous les ouvriers de l'État, sans distinction, des avantages qu'institue la loi de 1884 relativement à la disposition des biens des syndicats professionnels. Ne serait-il pas tout à fait équitable d'admettre à se placer sous le régime tutélaire de cette loi, ceux qui peuvent être considérés plutôt comme

3

des auxiliaires de services publics que comme des dépositaires directs d'une portion de la puissance publique ?
Encore importerait-il cependant de distinguer parmi eux
les ouvriers dont la profession intéresse la défense nationale.
Pas plus que les fonctionnaires ceux-là n'ont le droit de se
liguer contre l'État, de suspendre la vie nationale et de
compromettre, par de criminelles coalitions, la sécurité du
pays.

Cette théorie est en tous points conforme à la pensée
inspiratrice des auteurs de la loi de 1884 aussi bien qu'aux
tendances actuelles de personnalités non suspectes de
rigueur envers les ouvriers. Dans une consultation célèbre
qui eut pour effet de faire reconnaître, en 1897, la légalité
du syndicat des géomètres-experts de France, M. Waldeck-
Rousseau déclarait que « l'exception consacrée par la loi de
« 1884 à la loi générale (elle interdisait à cette époque les
« associations de plus de 20 personnes) procédait de cette
« pensée que, si les associations formées entre des per-
« sonnes dans un but quelconque peuvent aisément consti-
« tuer *un péril pour l'ordre public,* il en est autrement de
« celles qui, se formant entre personnes ayant une même
« profession ou un même métier n'auront pour objet que
« des intérêts économiques touchant à leur métier ou à leur
« profession ». Peut-on exprimer en termes plus clairs —
et pouvons-nous exciper d'un témoignage qui le proclame
avec plus d'autorité, — que la limite des privilèges se
confond avec l'instant où *l'ordre public se trouve en péril ?*
Mais la même tendance s'affirme dans d'autres milieux, où
l'on n'est certes pas plus suspect de tenir en mépris les intérêts
des ouvriers. On y soutient clairement que l'État déserterait
un de ses devoirs essentiels s'il admettait que ses auxiliaires constitués en syndicat eussent le droit de suspendre
par la grève la marche des services publics dont ils ont la
charge. Je me contenterai de citer, comme exemple, l'adhésion à cette thèse de M. Sigismond Lacroix déclarant que

ce serait « se leurrer que de ne pas voir dans la poussée
« syndicale, qui est en train de se manifester parmi les
« agents de certains services publics, une arrière-pensée
« d'adhésion aux organisations de la confédération du
« travail qui inscrivent dans leur programme la Grève
« générale. » « *Si la qualité de fonctionnaire offre quelques*
« *avantages,* dit-il encore, ces *avantages ne vont pas sans*
« *certaines limitations des libertés individuelles,* et il ne
« paraît pas que l'État républicain soit encore disposé à
« abdiquer entre les mains des agents nommés par lui et à
« les laisser, à leur guise et sur un mot d'ordre venu des
« officines révolutionnaires, arrêter net les services dont ils
« sont chargés. » M. Sigismond Lacroix ne met d'ailleurs
pas en doute que, sur ces deux points ; extension de la
liberté syndicale à certains agents de l'État et interdiction
du droit de grève à ces mêmes agents, la plupart des
députés républicains ne soient en parfaite conformité de
vues avec le Gouvernement...

II. — Unions de Syndicats.

Aux termes de l'article 5 de la loi de 1884, les syndicats
professionnels régulièrement constitués jouissent de la
faculté de se concerter pour l'étude et la défense de leurs
intérêts économiques, industriels, commerciaux et agricoles.
L'exercice de cette faculté est seulement subordonné à
l'obligation de publier la qualité des Syndicats qui composent l'Union ; celle-ci ne jouit, d'ailleurs, que de prérogatives peu étendues, puisque la loi ne lui reconnaît ni la
faculté d'ester en justice, ni le droit de posséder des immeubles. Le dessein de la Commission du travail est d'accroître
la capacité des Unions en même temps que de soumettre

leur constitution aux règles qui régissent actuellement la fondation des syndicats professionnels.

Sous la réserve que les fondateurs d'une Union de syndicats devront déposer les statuts des syndicats appelés à la composer, ainsi que les noms de ceux qui, à un titre quelconque, sont chargés de leur administration (à la condition qu'ils soient Français et jouissent de leurs droits civils), les Unions de syndicats pourront ester en justice et posséder les immeubles nécessaires à leur objet. Elles pourront aussi recevoir des dons et des legs.

Le rapporteur ne met pas ici en un relief bien saillant la nécessité de la réforme qu'il préconise. Sa thèse ne s'appuie en définitive que sur l'échec relatif de l'institution des Unions de syndicats, qu'il attribue, un peu gratuitement peut-être, à l'exiguïté des avantages que leur confère la loi. Mais si nous ne voyons pas clairement l'utilité de cette innovation, d'aucuns y voient des inconvénients que nous ne saurions passer sous silence, bien qu'ils ne soient pas de nature à déterminer tout à fait notre réprobation ou notre assentiment. Nous retrouvons là — et c'est à ce point de vue qu'il devient intéressant de le noter — comme le *refrain de défiance* de ces groupements qui, selon l'expression de M. Barthou, « flairent un piège dans les avantages plus « grands et les libertés nouvelles que veut leur conférer la « législation bourgeoise ». Précieux euphémisme avec lequel on ose dévoiler la crainte qu'éprouvent quelques agitateurs de voir le prolétariat chercher dans une *évolution* pacifique le développement des progrès que tout le monde souhaite. La Fédération des Bourses du travail apporte dans ses protestations moins de subtilités. Elle dit simplement : « Le « droit d'ester en justice accordé aux Unions de syndicats, « loin d'être pour elles un accroissement de liberté, est le « meilleur moyen que puisse trouver le Gouvernement de « les frapper, puisque ce droit les soumettra à la réparation « civile à laquelle elles échappent sous le régime actuel.

« Aujourd'hui, l'Union de syndicats qui se substituerait,
« en cas de grève, aux syndicats intéressés pour soutenir les
« ouvriers en lutte, ne pourrait être poursuivie que correc-
« tionnellement ; si elle ne commettait aucun acte méritant
« d'être qualifié de délictueux, elle pourrait aller loin dans
« la voie de la résistance sans courir le risque de pour-
« suites civiles. Avec la loi nouvelle, au contraire, elle
« pourra, tout comme les syndicats, être actionnée devant
« les tribunaux civils, saisie dans ses biens, et, par consé-
« quent, réduite soit à la ruine, soit à l'abandon de toute
« résistance à l'exploitation. »

Ces craintes ne nous paraissent assurément pas suffi-
santes pour justifier une opposition résolue au développement de la capacité civile que propose la Commission du
Travail en faveur des Unions et qui deviendra, d'ailleurs,
rigoureusement logique si vous approuvez, comme nous
vous le demanderons, l'attribution aux syndicats de la personnalité civile et de la capacité juridique. Un doute, une
arrière-pensée continueront cependant à planer sur l'opportunité de cette réforme : M. Bérenger les avait éloquemment exprimés lors de la discussion de la loi de 1884. S'élevant
avec fermeté contre l'institution même des Unions, il déclarait qu'il y voyait le danger de la « Constitution d'une vaste
« union fédérative relevant d'une direction unique, de la
« tyrannie d'une sorte de syndicat supérieur, et créant une
« force redoutable pour la sécurité et l'unité de l'État. »

La démonstration du secours que les Unions de syndicats pourraient apporter à des syndicats pauvres, trop
faibles par eux-mêmes, l'emporta sur les appréhensions de
l'honorable sénateur : l'avenir seul pourra dire si celles-ci
étaient trop pessimistes.

III. — Personnalité civile et capacité commerciale des Syndicats

1° *Personnalité civile et capacité juridique*

L'article 6 de la loi de 1884 accorde aux syndicats professionnels le droit d'ester en justice. Il les autorise à employer les sommes provenant des cotisations et à acquérir les immeubles qui seront nécessaires à leurs réunions, à leurs bibliothèques et à des cours d'instruction professionnelle. Il leur accorde la faculté de constituer entre leurs membres des caisses spéciales de secours mutuels et de retraites ; il précise qu'ils pourront être consultés sur les différends se rattachant à leur spécialité et que les avis du syndicat pourront, dans les affaires contentieuses, être tenus à la disposition des parties. En un mot, l'article 6 octroie aux syndicats une capacité civile assez limitée. Le projet déposé par M. Millerand et soutenu sur ce point par la Commission du Travail a pour objet d'attribuer aux syndicats la plénitude de la personnalité civile avec le droit d'acquérir sans restrictions et sans autorisation, à titre gratuit et onéreux, des biens meubles ou immeubles. Il va plus loin, car il leur confère, dans des conditions exceptionnellement avantageuses par rapport au droit commun, la faculté de faire des actes de commerce.

Si larges que puissent paraître les privilèges accordés au monde syndical, il faudrait ignorer l'état d'esprit que nous avons déjà eu l'occasion de dévoiler pour s'imaginer que les intéressés les ont accueillis avec un égal enthousiasme. Ce n'est point qu'un accroissement de liberté pût paraître excessif à qui que ce soit, mais quelques-uns sont fort perplexes en présence d'un pareil cadeau, et ils hésitent à l'accepter dans la crainte qu'une part de responsabilité ne soit la rançon du privilège qu'on leur offre. Aussi la réforme que nous étudions ici a-t-elle soulevé, dans le monde du travail, des polémiques singulièrement contradictoires. Il convient toutefois de remarquer que, dans cette occurrence, les appréhensions éveillées dans certains milieux ne sont pas seulement nées d'une impression plus ou moins chimérique : elles ont pour origine un arrêt rendu il y a quelques années par la Chambre des Lords et condamnant le Syndicat des ouvriers des chemins de fer à payer 500.000 francs à une Compagnie au sein de laquelle il avait fomenté et soutenu la grève par des moyens illégaux. C'est sous l'empire de la crainte provoquée par un pareil exemple que M. Vaillant déposa un des projets examinés par M. Barthou et dans lequel il était question d'attribuer aux syndicats le pouvoir illimité d'acquérir, sans leur accorder le droit d'ester en justice. Il serait oiseux d'insister pour définir la confiance que ce privilège eût inspiré à des tiers et l'on voit, sans qu'il soit utile d'y insister, les contradictions auxquelles aurait donné lieu l'élaboration d'une loi basée sur un pareil principe. Mais il n'est que juste de reconnaître, d'ailleurs, que l'accord ne s'est pas fait sur ce point dans l'aristocratie du prolétariat et que M. Jaurès, entre autres, se dégageant de cette utopie, n'a pas hésité à réclamer l'extension de la personnalité civile ainsi que la concession de la capacité commerciale, réprouvant éloquemment la méfiance et la timidité de ses coreligionnaires politiques.

L'exemple que je citais plus haut n'a pas inspiré d'ailleurs, à tous les intéressés, la même appréhension. Les partisans les plus qualifiés des Trade-Unions ont formellement déclaré qu'ils trouvaient légitime de rendre ces groupements responsables du dommage qu'elles causent. M. Burdeau, cité par M. Barthou qui attache à son témoignage une importance décisive, le confirme d'une façon expresse : « D'après les Unionistes eux-mêmes — du moins

« les plus intelligents et les plus avertis — la sentence
« des Lords aura donc pour effet de rendre les ouvriers
« singulièrement plus circonspects en matière de grève,
« l'esprit de transaction entre les ouvriers et les patrons
« plus fréquent, la grève (instrument de combat grossier
« et primitif, arme à deux tranchants qui blesse ceux qui
« s'en servent aussi bien que ceux qu'elle frappe) plus rare,
« et — suprême avantage — de fortifier et de resserrer les
« organisations ouvrières par la qualité des chefs qu'elles
« choisiront, aussi bien que par la qualité de leurs
« adhérents. »

Parmi les sociologues modernes, d'aucuns, persistant
à considérer l'institution même des syndicats comme un
péril social, protesteront de parti-pris contre toute réforme
de la loi qui les régit, si elle a pour objet d'étendre leurs
prérogatives. Les traditions de notre Chambre nous éloi-
gnent absolument de l'exclusivisme de cette conception.
Nous estimons, avec M. Barthou, que les conditions
d'existence qui donneront aux syndicats le souci de leur
responsabilité effective et le respect des droits d'autrui ne
peuvent être que salutaires au développement normal et
fécond de cette institution. A ce titre, nous vous demanderons, Messieurs, de donner votre adhésion à l'extension
de la personnalité civile des syndicats professionnels. Mais
cette dernière théorie ne comporte peut-être pas une
extrême généralisation. Ne dépasse-t-on point la mesure
avec laquelle elle demande à être appliquée en réclamant
en faveur des syndicats le privilège de la capacité commerciale? C'est ce que nous allons essayer de dégager.

2° Capacité Commerciale

L'article 6 du projet de la Commission du Travail
stipule que les syndicats pourront faire des actes de

commerce en se conformant aux dispositions ci-après :
« Les syndicats de plus de sept membres qui, dans le but
« d'exploiter une entreprise commerciale, formeront une
« Société à responsabilité limitée. régie par les lois des
« 24 juillet 1867 et 1ᵉʳ août 1893, bénéficieront des excep-
« tions suivantes aux dispositions desdites lois : *Le syndicat,*
« personne civile, *pourra être propriétaire de la totalité*
« *des actions.* Dans ce cas, des syndiqués auront le droit
« d'être *administrateurs sans être individuellement porteurs*
« *de parts ou actionnaires,* et l'assemblée générale sera
« formée de mandataires désignés par le syndicat, chaque
« mandataire possédant une voix et tous étant considérés
« comme représentant une part égale dans le capital social.
« Si une Société est formée par deux ou plusieurs syndicats,
« les statuts de cette Société déterminent le nombre des
« mandataires délégués par chacun des syndicats action-
« naires, tout délégué ayant une voix. Quelle que soit
« l'importance du capital social, il pourra être divisé en
« actions ou coupures de 25 francs. La Société ne pourra
« être définitivement constituée qu'après la souscription
« de la totalité du capital et le versement en espèces, par
« chaque syndicat actionnaire, du quart des actions sous-
« crites par lui-même, lorsqu'elles n'excèdent pas 25 francs.
« Si la Société est à capital variable, *le versement du*
« *dixième suffit.* »

Nous avons vu, Messieurs, avec quels accents de
réprobation ont été accueillies les réformes précédemment
exposées. Mais la raison même de cette hostilité explique
que de la part de certains leaders du collectivisme la
proposition d'extension de la capacité commerciale ait eu
à subir un assaut plus violent encore. On redoute, en
effet, dans ce monde où dominent les préoccupations politiques, que la prérogative de faire des actes de commerce
écarte des syndicats les hommes qui les considèrent avant
tout comme une base de résistance à l'exploitation capita-

liste. M. Vaillant l'exprime sans ambages dans l'exposé des
motifs de sa proposition de loi : « La loi qui ferait dn syn-
« dicat une Société de Commerce, d'industrie ou d'échange
« serait une loi de désorganisation syndicale et ouvrière. »

Enfin, si ce projet de réformes n'échappe pas au sort
commun des spéculations humaines d'être le jouet des
appréciations les plus contradictoires, encore se distin-
gue-t-il par cette particularité que les théoriciens du collectivisme le réprouvent avec autant de colère que les
apôtres de l'individualisme, les uns et les autres le consi-
dérant respectivement comme également funeste à leur
cause. Tandis que ceux-là y voient un dangereux piège
tendu par la Société bourgeoise à la solidarité ouvrière,
ceux-ci, s'appuyant sur des arguments d'un équilibre apparemment aussi ferme, soutiennent qu'il constitue une
abdication de la Société aux mains du collectivisme. Certains socialistes, non des moins qualifiés, constatent
d'abord que la capacité commerciale, constituant un droit
et non une obligation, les syndicats qui y verraient un
danger n'auraient qu'à ne pas user de ce privilège suspect,
mais qu'il n'y a pas lieu de repousser l'offre d'une liberté,
toujours bonne à prendre. Ils se félicitent de l'attrait
qu'exercera sur les hésitants l'appât du commerce, pour les
amener au Syndicat, et vantent avec chaleur le profit qu'ils
trouveront à se préparer dans cette école d'administration
à l'expropriation future. D'autres y voient un développement colossal de la coopération, et l'idée qu' « un grand
« Syndicat ouvrier pourrait, bientôt, assumer l'éclairage de
« Paris » fait tressaillir d'aise le plus éloquent des leaders
du parti !

Devant ce concert discordant de réprobations passion-
nées et d'adhésions enthousiastes, il nous reste à dégager
les préférences du rapporteur de la Commission du Travail
et à peser les raisons qu'il allègue pour les justifier.

Mais ce sujet est bien délicat et, pour ne point

encourir le reproche d'avoir, sinon travesti, du moins maladroitement interprété la pensée de l'auteur, nous lui céderons un instant la parole :

« C'est par un sentiment de confiance dans la sagesse
« des travailleurs, juges et maîtres de leurs intérêts, que
« la Commission du Travail vous propose de conférer aux
« syndicats la capacité commerciale. Il leur appartiendra
« de statuer en toute liberté sur leur propre condition et
« d'orienter leurs institutions et leurs statuts, soit dans le
« sens exclusivement professionnel, soit dans la voie de
« certains actes commerciaux. Les syndicats agricoles
« trouveront, à n'en pas douter, dans cette faculté nouvelle,
« l'occasion et les moyens de multiplier leurs opérations
« et de développer leurs ressources. Les syndicats ouvriers
« eux-mêmes ne tarderont pas à en apprécier toute la
« portée et à mettre en œuvre la force libératrice qu'elle
« porte en germe. Quoique certains de leurs conseillers
« aient pu dire, la loi nouvelle ne contient, ni dans l'esprit
« de ses auteurs, ni dans ses dispositions, de piège
« d'aucune sorte.

« Elle est un acte de libéralisme et de confiance. La
« capacité commerciale se combinant avec le droit illimité
« d'acquérir ouvre aux associations professionnelles des
« perspectives dont l'avenir, si les philanthropes généreux
« et les ouvriers organisés comprennent également leur
« devoir, démontrera un jour toute la bienfaisante har-
« diesse.

« On a dit souvent, dans les discours ou dans les
« articles qui ont, sur ce point, contesté le projet de loi, que
« ces dispositions n'étaient pas nécessaires, puisque les
« ouvriers adhérents aux syndicats peuvent, en dehors du
« Syndicat lui-même, constituer des Sociétés commerciales.
« Ceux qui tiennent ce langage n'ont tenu compte ni
« *des facultés exceptionnelles accordées par le projet aux*

« *syndicats qui voudraient faire du commerce*, ni du
« mécanisme de la Société commerciale se juxtaposant au
« Syndicat ».

Tels sont, résumés par le rapporteur lui-même, les
arguments sur lesquels se fonde la Commission du Travail
pour proclamer l'opportunité d'attribuer aux Syndicats professionnels la capacité commerciale. A vrai dire on n'y voit
que des spéculations théoriques, des hypothèses généreu-
ses, des vœux bienveillants, mais on n'y découvre nulle-
ment la discussion des avantages matériels d'une réforme
qui est cependant d'un caractère tout à fait pratique. On y
voit encore moins — ce que l'on serait surtout tenté d'y
chercher — la justification d'un privilège tellement exceptionnel qu'il est de nature à saper, dans ses fondements,
toute la législation qui régit les Sociétés commerciales.

Cela ne paraît cependant pas être l'effet d'une simple
inadvertance, puisque le rapporteur, répondant à ceux qui
objectent que la loi qui permet de créer des sociétés à côté
des syndicats devrait dispenser de la concession du privilège en discussion, déclare que « ceux qui tiennent ce lan-
« gage ne tiennent pas compte des *avantages exceptionnels*
« accordés par le projet aux syndicats qui voudraient faire
du commerce ». Il est surprenant que, dans un rapport
aussi documenté, M. Barthou ait cru pouvoir glisser sur
ce sujet et n'ait pas jugé utile de mettre mieux en lumière
les effets matériels de ces avantages et d'en tenter au besoin
la justification. Peut-être l'entreprise n'allait-elle pas sans
quelques difficultés. Nous ne pouvons pas nous contenter
d'examiner aussi superficiellement le côté pratique de cette
réforme.

La loi de 1901, qui régit actuellement les sociétés,
autorise sept personnes à fonder une société anonyme
moyennant la souscription de 7 actions de 25 francs et le
versement du quart de leur valeur, soit 43 fr. 75. Mais
l'obligation de verser le quart d'un pareil capital n'est-elle

pas de nature à écarter de leur dessein les membres d'un
syndicat qui seraient tentés de fonder une société commerciale ? La Commission du Travail l'a pensé ; aussi deman-
dera-t-elle au Parlement de réduire au dixième du capital
le versement nécessaire à la constitution d'une société à
capital variable lorsque les fondateurs feront partie d'un
syndicat professionnel. Sept membres d'un syndicat
pourront donc légalement constituer une société anonyme
en versant une somme de 17 fr. 50 !

Assurément l'hypothèse de la fondation d'une Société
ordinaire à un capital si réduit est assez chimérique, pour
bien des raisons, indépendamment de la difficulté de payer
les frais de sa constitution légale. N'est-elle pas à redouter
s'il s'agit d'une Société syndicale qui, pour faire réellement
des actes de commerce, pourra employer son énorme
influence à s'assurer un crédit qui, devant un capital illusoire, eût été impitoyablement refusé à une Société ordinaire ? Le fait matériel de cette faculté est donc intéressant
à noter. Mais ce qu'il importe surtout de constater, c'est
l'énormité du privilège que constitue l'irresponsabilité personnelle des administrateurs, ainsi que le droit attribué au
Syndicat de désigner, pour le représenter à l'Assemblée
générale, des mandataires personnellement irresponsables !
Une pareille conception est la répudiation la plus fantai-
siste qui se puisse imaginer des principes qui ont servi de
base à la législation des contrats.

Avant même que nos codes se fussent enrichis des lois
sur les Sociétés, les hommes qui voulaient faire du commerce avec leurs semblables étaient responsables, vis-à-vis
de leurs contractants, dans toute la mesure de leur fortune
et de leur honneur. Les associations qui s'organisèrent peu
à peu, suivant la marche logique du progrès social, assu-
rèrent aux créanciers les mêmes garanties. Enfin on connaît
la genèse des précautions que prit le législateur lorsque la
nécessité de créer de grandes entreprises pour lesquelles

les capitaux individuels devenaient insuffisants, l'amena à instituer la législation des Sociétés anonymes. Le souci d'accorder aux créanciers de nouveaux groupements de capitaux des garanties toujours plus sérieuses, et d'établir des responsabilités efficaces, fit entrer la législation dans une minutie extrême, mais qui n'avait jamais paru excessive. Si l'on pouvait adresser un reproche à cette législation, ne serait-ce pas d'avoir permis aux Sociétés anonymes de se détourner de leur objet par un émiettement trop considérable des capitaux, et d'avoir laissé se détendre, par une division exagérée des risques, le ressort de la responsabilité ? Alors qu'il faudrait si sérieusement songer à galvaniser la propriété commerciale en raffermissant les règles de cette responsabilité et à rassurer, par un redoublement de garanties, les capitaux qui s'intéressent à la production nationale, le moment est-il bien choisi pour ouvrir toute grande la porte à la constitution de Sociétés suspectes ? Car n'est-ce pas à cette redoutable éventualité qu'on s'expose ?

Mais oublions un instant cette crainte, qui n'est pas le moins du monde chimérique, des facilités que les avantages accordés aux syndicats appelés à faire du commerce peuvent offrir à l'expansion de la fraude. Nous nous trouvons alors devant un autre danger d'une gravité tout aussi sérieuse : c'est la concurrence en quelque sorte déloyale que ces sociétés commerciales privilégiées peuvent faire à l'industrie sans privilèges qui se débat, — on sait comment ! Si du moins on pouvait répondre à ces appréhensions que l'on sait où l'on va et que le prolétariat s'en portera mieux. M. Barthou n'insiste pas là-dessus : « Ayons confiance, se contente-t-il de dire, dans la sagesse de la masse ouvrière ! » Rien de plus juste, — c'est entendu ; mais ne serait-il pas prudent cependant de prendre, en faveur de la société, quelques précautions contre ces agitateurs dont M. Barthou n'a pas marchandé de nous dénoncer, lui-même, les exhor-

tations fanatiques ? Au surplus ce ne sont pas des impressions
et des considérations de sentiment qui doivent guider exclusivement le législateur dans l'élaboration de réformes aussi
délicates que celles qu'il s'agit ici d'ordonner. Et pourtant,
à franchement parler, je ne vois rien autre dans la défense
que l'on présente en sa faveur. Comme conséquence, j'y
vois clairement, en ce qui me concerne, la redoutable
éventualité *d'un saut dans l'inconnu.* Plus on y réfléchit,
plus on se sent pris dans les entraves d'un inflexible dilemme.
La capacité commerciale accordée aux syndicats ne peut
avoir que deux conséquences : ou la ruine de l'association
syndicale dont elle aura transformé l'esprit et l'objet, ou une
éclosion formidable de sociétés privilégiées funestes aux
sociétés qui ont grandi sous la tutelle d'une sage législation,
et qui feront faire, sans profit pour la richesse publique, un
pas prodigieux à l'expropriation du travail national.

La seule solution qui reste, quoi qu'on en dise, pour
donner satisfaction à ceux qui préconisent l'effort commercial
comme moyen de former les groupements ouvriers à la
responsabilité dans l'administration, à la circonspection
dans leurs revendications, à une plus étroite conception de
leur dignité, c'est la création de sociétés ordinaires, à côté
des syndicats, sous l'égide de la législation vraiment libérale
actuellement en vigueur. Les privilèges dont la Commission
du Travail réclame l'institution ne se justifient en aucune
façon : ils constitueraient un grave péril non seulement
pour la société, mais pour ceux-là mêmes que l'on appelle
à en bénéficier.

IV. — Des sanctions destinées à assurer le libre exercice de la Loi du 21 Mars 1884.

Sous ce titre le rapporteur de la Commission du Travail
examine trois importantes questions : les atteintes portées

au droit de se syndiquer, — la mise en interdit, — et l'abrogation des articles 414 et 415 du Code pénal.

Bien que la solution de cette dernière question soit
inscrite à l'article premier du projet de loi qui résulte des
délibérations de la Commission, il nous a paru plus rationel
de ne l'examiner qu'à cette place pour suivre la discussion
du rapporteur dans l'ordre même qu'il lui a plu de donner
à ses développements.

I. — *Atteintes portées au droit de se syndiquer.*

La première de ces questions, les atteintes portées au
droit de se syndiquer, paraît entrer dans un cadre de
préoccupations quelque peu caduques. Deux ans après la
promulgation de la loi de 1884, M. Bovier-Lapierre, ému
par la résistance que certains patrons avaient opposée à
la constitution des associations professionnelles, proposa
au Parlement l'édiction de mesures de rigueur contre les
délinquants. Tout individu convaincu d'avoir entravé la
liberté d'association syndicale devait être puni d'un emprisonnement de six mois à un an et frappé d'une amende de
100 à 2.000 francs. La proposition fut acclamée par la Chambre,
mais le Sénat, jugeant excessif le caractère pénal des sanctions qu'elle édictait, la repoussa sans défaillance toutes les
fois qu'elle lui fut présentée.

Tandis que le débat se poursuivait entre les deux
Chambres, sans grande hâte, la Justice tranchait des cas
assez curieux : une jurisprudence se formait et c'est cette
jurisprudence que la Commission prétend introduire dans
la loi pour mettre fin à des conflits dont la matière paraît
aujourd'hui à peu près épuisée. On pourrait exactement dire
qu'elle le serait sûrement et tout à fait, sans le secours
inattendu d'un texte dont la bonne foi n'est pas suspecte,
mais dont la lettre n'en sera pas moins féconde en diffi-

cultés judiciaires. L'article 10 du projet stipule, en effet, que l'entrave volontairement apportée à l'exercice des droits reconnus par la présente loi, par le *refus d'embauchage* ou le *renvoi*, constitue un délit *civil* et donne lieu à l'action en réparation du préjudice causé. Le rapporteur s'efforce de démontrer dans quel esprit de libéralisme cet article a été conçu. Plus de sanction pénale ! L'action en réparation du dommage ne se basera désormais que sur un délit civil : c'est par là qu'on entend donner satisfaction aux appréhensions du Sénat. Eh bien, ce que recèle cette formule libérale est, à mon sens, cent fois plus redoutable que la proposition de M. Bovier-Lapierre dans sa brutale rigueur. Il n'est pas facile d'être convaincu d'avoir *volontairement* porté atteinte à l'application de la loi : et, si dure qu'elle fût, la répression pénale ne pouvait être qu'exceptionnelle. Dans quelles disputes n'allons-nous pas être emportés, si le renvoi ou le refus d'embauchage peuvent être interprétés comme une entrave volontaire au développement de la loi de 1884 ? Ou bien les ouvriers seront constamment dupes, ou le juge sera réduit à descendre dans la conscience des parties incriminées et à baser ses jugements sur des présomptions de la plus dangereuse fantaisie. Et comme le syndicat, autorisé par le texte même de l'article 10, pourra se substituer à la victime présumée et intenter en son nom la poursuite, on peut prévoir à quelle avalanche de procès pourra donner lieu l'application de cette clause et quels troubles elle peut susciter dans le domaine du travail !...

Mais que dire du délit basé sur le refus d'embauchage ? Ce moyen détourné de rendre l'embauchage obligatoire ne confond-il pas la raison ?

On serait tenté de croire, dans la surprise que fait naître cette conception, que le législateur pose ici la formule d'un délit destiné à conserver un caractère théorique, les actions judiciaires ne pouvant apparemment pas être intentées sur de simples présomptions. Si cette illusion venait à se glisser dans l'esprit, le langage même du rapporteur suffirait à la dissiper comme fait le soleil de « ces brouillards légers que soulève l'aurore »...

« Le texte que nous proposons, dit-il explicitement, « vise à la fois le *renvoi et le refus d'embauchage*

« Il ne paraît pas que le *renvoi* donne naissance, sinon « dans l'application, au moins dans le principe même, à « des objections ou à des difficultés sérieuses. C'est une « question de fait dont les circonstances détermineront « l'appréciation et la décision du tribunal. L'exposé des « motifs l'a fort bien dit : « On admettra difficilement que « le renvoi d'un ouvrier syndiqué, entre beaucoup de « syndiqués comme lui, tienne à ce qu'il fait partie du « syndicat. On n'admettra pas plus volontiers que le renvoi « d'ouvriers syndiqués, à l'exclusion des non-syndiqués « employés par le même patron, tienne à leur incapacité « personnelle. » Et plus loin : « On s'est demandé s'il n'y « avait pas lieu d'ajouter au mot renvoi l'épithète *motivé* « qui existait dans la plupart des propositions antérieures. « Votre Commission a pensé que cette épithète est inutile. « Il est évident que si elle figurait dans la loi, le patron « qui ne voudrait pas engager un ouvrier *parce que syndi-* « *qué,* trouverait d'autres motifs à son refus que l'affiliation « de l'ouvrier à une association professionnelle. L'adoption « de cette épithète aurait donc pour résultat d'enlever à la « disposition projetée presque toute son efficacité et de « créer une apparence de sanction à laquelle aucune « réalité ne viendrait correspondre.

« Le *refus d'embauchage* a retenu plus longtemps « l'attention de notre commission. — Mais, prise en elle- « même, cette disposition n'est-elle pas arbitraire et, là où « il n'y a pas de contrat, n'a-t-elle pas pour effet *d'établir* « *un lien de droit imprévu entre deux personnes jusque* « *là étrangères l'une à l'autre :* celle qui sollicite du travail

« et celle qui le refuse ? L'objection est sérieuse ; *votre*
« *Commission ne l'a pas tenue pour décisive....* »

Votre Commission, Messieurs, espère que le Parlement aura moins de hardiesse et de confiante désinvol-
ture devant la responsabilité qu'on lui demande d'assumer.

2⁰ *Mise en interdit.*

Mais si les patrons peuvent entreprendre contre des
syndicats des manœuvres coupables, les syndicats ouvriers
peuvent commettre, de leur côté, soit à l'égard des
patrons, soit à l'égard d'ouvriers, des abus qui exigent
aussi une répression.

La mise en interdit, appliquée pour contraindre des
tiers à « entrer dans le syndicat » est de cette espèce, et
c'est particulièrement ce délit que prétend atteindre la
deuxième partie de l'article 10 en le soumettant à l'action
en de réparation du préjudice causé. Pas plus sur ce point
que sur ceux que nous avons précédemment analysés, il
n'est permis de suspecter les intentions de la Commission ni de son rapporteur qui manifeste d'ailleurs, en
termes implicites, le ferme propos d'établir un rigoureux
équilibre entre les garanties que l'on doit instituer, tant
en faveur des patrons qu'en faveur des syndicats. Nous
allons essayer de comprendre dans quelle mesure il y
réussit.

Antérieurement à la loi de 1884, l'interdiction du travail à la suite d'un plan concerté tombait sous le coup de
l'article 416 du Code pénal. La même loi abrogea cet
article, d'où il suit que, sous la réserve de violences et de
manœuvres qui tombent dans le domaine du droit commun,
l'interdiction du travail devient un acte licite. La question
s'est posée à diverses reprises, devant les tribunaux, de
savoir si cet acte échappant désormais à la répression

pénale devait échapper également à l'action civile. Non seulement la loi ne formulait à ce sujet aucune règle d'une précision suffisante, mais une jurisprudence trop variable ne pouvait que dérouter la justice alors qu'elle y cherchait un appui pour s'inspirer des intentions du législateur. En présence de jugements et d'arrêts contradictoires rendus sur tant d'espèces diverses, M. Barthou est arrivé cependant à définir d'une façon assez nette la situation que l'on peut dégager des décisions de la justice : « Le conflit, dit-il, « s'élève en réalité entre ceux qui mettent l'association « professionnelle au-dessus de la liberté du travail, et ceux « qui, partisans de l'association professionnelle, entendent « ne pas lui sacrifier la liberté, pour les ouvriers d'une « profession, de travailler en dehors de l'association elle- « même » Il paraît superflu de dire de quel côté se rangent les partisans du syndicat obligatoire. M. Barthou les dénonce d'ailleurs avec une grande énergie, mais cette attitude ne fait qu'accroître la stupéfaction que l'on éprouve devant la formule à laquelle vient aboutir sa légitime indignation : « La mise en interdit, conclut-il, pourra donner « lieu à une action civile en réparation du préjudice causé « lorsqu'elle aura pour objet de porter atteinte au droit « d'un ouvrier de ne pas se syndiquer. Elle échappera à « toute action civile lorsqu'elle aura pour objet : 1º d'assu- « rer les conditions du travail ; 2º d'assurer la jouissance « des droits reconnus aux citoyens par la loi. »

La loi proposée assure ainsi, « dans un texte dont la « généralité tient compte de toutes les hypothèses, le respect « de tous les droits légitimes, que ce soit le droit des « patrons ou le droit des ouvriers. » Cár ce ne sont pas seulement les droits professionnels qui sont en cause dans cette réforme d'un caractère si exclusivement professionnel. Voici, en effet, que M. Barthou vient réclamer l'introduction, dans la légalité, de la mise à l'index, sous prétexte de défendre des ouvriers « atteints dans l'exercice de leurs « droits de citoyens et de leur liberté de conscience. »

Voilà donc la question nettement posée. La loi de 1884 ayant abrogé la répression pénale qui frappait les interdictions du travail, on redoute que l'on vienne à les considérer comme licites et particulièrement que l'on s'en serve pour forcer les ouvriers dissidents à entrer dans un syndicat. Et l'on est tellement hypnotisé par ce danger, illusoire en somme puisqu'on ne saurait le plus souvent employer une pareille contrainte sans tomber sous le coup des règles du droit commun, que l'on ne craint pas, pour l'écarter, d'introduire dans la loi un principe aussi redoutable que le droit d'interdiction.

La rédaction proposée par la Commission défend efficacement la liberté de l'ouvrier à laquelle on attenterait si l'on interdisait à un patron d'accueillir ses services. Elle définit très exactement ce point. Mais, par contre, ne serait-elle pas une intarissable source de conflits en instituant, même sous le bénéfice de réserves, d'ailleurs plus apparentes que réelles, *la légalité de la mise à l'index ?* Quel est l'auteur d'une interdiction qui ne saura pas se procurer le prétexte d'assurer l'application des conditions du travail fixées par le syndicat ou la jouissance d'un droit civique ?

Ces intentions peuvent être d'une pureté irréprochable et d'une sincérité absolue, personne ne le conteste, mais ne reste-t-on pas confondu, quand on ne vit pas dans le monde des chimères, devant le caractère de pareilles conceptions ? Il est vraiment impossible d'apprécier la perturbation qu'une pareille réforme jetterait dans le monde du travail. C'en serait fait pour longtemps de l'apaisement social au nom duquel tous ces projets sont présentés et sans lequel il n'y a pas plus à songer à l'expansion des bienfaits de la loi de 1884 qu'aux réformes sociales fécondes et légitimes dont personne plus que nous ne désire la réalisation.

3° — *Abrogation des articles 414 et 415 du C. P.*

On ne saurait dire si l'éventualité que nous venons de déplorer a complètement échappé à la perspicacité des auteurs de cette réforme. Toujours est-il que la mesure qu'ils préconisent ici a pour objet d'inspirer confiance à la démocratie ouvrière et de garantir à ses yeux le loyalisme des réformateurs bourgeois. La discussion de ce point particulier est d'un caractère tellement juridique que nous sortirions véritablement du domaine de notre compétence si nous prétendions en tenter l'analyse. Au surplus, l'exposé que fait M. Barthou, rappelant d'une façon magistrale la genèse des délibérations parlementaires qui ont eu pour but de garantir la liberté du travail, aboutit à des conclusions qui sortent tout à fait de l'ordre juridique pour retomber dans le domaine du sens commun : c'est là que nous tenterons de le suivre.

Cette réforme a pour objet de faire disparaître les articles 291, 292, 293 et 294 du Code pénal et la loi du 18 juillet 1854, déjà effacée, d'ailleurs, de nos codes par l'article 21 de la loi du 1er juillet 1901, et d'abroger les articles 414 et 415 du Code pénal. Ces derniers articles seuls nous intéressent, ils sont ainsi conçus :

« Art. 414. — Sera puni d'un emprisonnement de six
« jours à trois ans et d'une amende de seize à trois mille
« francs, ou de l'une de ces deux peines seulement, qui-
« conque, à l'aide de violences, voies de fait, menaces ou
« manœuvres frauduleuses aura amené ou maintenu, tenté
« d'amener ou de maintenir une cessation concertée de
« travail, dans le but de forcer la hausse ou la baisse des
« salaires ou de porter atteinte au libre exercice de l'indus-
« trie ou du travail.

« Art. 415. — Lorsque les faits punis par l'article
« précédent auront été commis par suite d'un plan concerté,

« les coupables pourront être mis, par l'arrêt ou le juge-
« ment, sous la surveillance de la haute police pendant
« deux ans au moins et cinq ans au plus. »

M. Barthou formule contre eux un triple grief :

« 1° La répression pénale édictée par le droit com-
« mun frappe les délits visés par les articles 414 et 415 d'une
« manière presque aussi rigoureuse que ces mêmes articles.

« 2° Les violences contre les particuliers ne prennent
« pas, du fait qu'elles sont exercées en temps de grève, un
« caractère d'aggravation qui justifie une législation spéciale.

« 3° Les poursuites intentées contre les inculpés
« atteints par cette législation spéciale n'ont pas donné lieu
« à l'application de peines dont l'importance dépasse les
« pénalités de droit commun prévues par l'article 311 du
« Code pénal. »

Le rapporteur en tire cette conclusion que cette législation est inutile et qu'à ce titre il faut l'abroger.

L'effort de sa démonstration porte spécialement sur le
cas des « manœuvres frauduleuses » dont la définition
échappe à toute précision. Je m'expliquerais vraiment
l'obstination avec laquelle M. Barthou soutient cette thèse,
si les décisions de la magistrature avaient décelé de sa part
une excessive rigueur, et si l'interprétation qu'elle a donnée
de la lettre de la loi se trouvait en contradiction manifeste
avec les règles de répression du droit commun. Mais
puisque, d'une part, il est de notoriété publique que la justice
n'a pas exagéré les effets de son pouvoir dans la sauvegarde
de la liberté du travail et que, d'autre part, le rapporteur
proteste qu'il serait calomnieux de prêter à la Commission
l'intention d'assurer l'impunité des atteintes portées à cette
liberté, il me semble que l'intérêt de la réforme inscrite à
l'article 10 s'écroule devant l'objection d'ordre à la fois
moral et pratique que je vais développer.

M. Ribot, qui mit déjà en échec cette proposition

devant le Parlement, lors de la discussion de la loi de 1884, résumait éloquemment toute sa thèse en quelques mots : « Ne serait-il pas impolitique, s'écriait-il, d'affaiblir la « répression des délits matériels de violence précisément « au moment où l'on étend la liberté des syndicats profes- « sionnels et des associations ? » On essaie bien d'atténuer la portée de cette déclaration en signalant que M. Ribot fut amené lui-même, alors qu'il était président du Conseil, à suspendre des poursuites engagées à la suite d'une inter- prétation contestable de manœuvres frauduleuses, mais il ne me paraît pas douteux que le danger d'exposer cer- tains délinquants à des rigueurs qui ne peuvent être qu'exceptionnelles n'est pas comparable au péril de créer entre le patron et l'ouvrier le malentendu que susciterait cette réforme. Les ouvriers qui ne comprennent pas tout le sens des discussions parlementaires ne pourront y voir qu'un relâchement dans la répression de faits qui, jusque-là, pouvaient être sévèrement punis. Pour peu que leurs commentateurs habituels des gestes du pouvoir veuillent bien en prendre la peine, la plupart d'entre eux seront entraînés à considérer comme des moyens presque licites pour la conquête de droits nouveaux, les actes dont ils avaient eux-mêmes conscience, jusque-là, qu'ils n'étaient que des mouvements de révolte coupable dont l'accomplis- sement les exposait à une sévère répression.

Non, nous ne pouvons mettre en doute qu'au moment même où l'on élargit le champ d'action des syndicats en augmentant leurs prérogatives, l'effet moral de cette mesure ne soit désastreux. « Faisons crédit, s'écrie M. Barthou. à « la démocratie ouvrière ! ». Est-ce donc faire œuvre de méfiance vis-à-vis du monde des travailleurs que de laisser entre les mains de nos juges, qui méritent bien aussi qu'on leur fasse quelque crédit, les armes dont jusqu'ici ils n'ont point abusé ? Le plus sûr moyen de faire aboutir les réfor- mes que justifie le progrès des temps est de préparer pour

le monde du travail une ère d'apaisement et de sécurité ;
il faudrait désespérer de la voir jamais s'ouvrir, si l'on
voyait choisir l'heure actuelle pour désarmer l'autorité
devant les agitateurs dont nous avons entendu les provo-
cations et les menaces.

De telles dispositions feraient jaillir dans le monde du
travail une source intarissable de conflits : elles seraient
un ferment de discordes dont les effets ne peuvent être
appréciés, et jamais un gouvernement soucieux de maintenir l'ordre public n'assumera le risque d'une pareille
responsabilité.

Je ne veux pas insister ici, Messieurs, sur une clause
de l'article 10 qui confère au syndicat le droit de
prendre l'initiative de la défense de ses membres. Votre
perspicacité ne manquera pas de voir dans cette mesure
un acheminement vers la création du syndicat obligatoire.
M. Jaurès l'a fort bien compris et salue l'aube du jour
où la loi sera contrainte de consacrer cette obligation. Mais
cela n'est point pour effrayer M. Barthou, qui voit « un
« peu d'exagération dans ces promesses d'avenir » et conteste que « ce droit nouveau » emporte toutes les conséquences dont ce réjouit d'avance « la foi ardente de
« M. Jaurès ».

Ici encore le rapporteur, avec un optimisme que décelait
déjà la formule que j'ai précédemment soulignée, déclare
que la Commission, « sans prendre à son compte les con-
« sidérations qu'a inspirées à M. Jaurès le commentaire
« de l'article 10, ne s'est pas effrayée des résultats qu'il
« en attend ». Cette confiance dans les résultats de réformes
législatives qui nous jettent au devant d'un si redoutable
inconnu sera un objet de stupéfaction pour tous ceux qui
sont aux prises avec les réalités de la vie industrielle.

Malgré mon vif désir d'enfermer cette étude dans les
limites d'une concision rigoureuse, j'ai le sentiment, mes
chers collègues, d'avoir un peu abusé de votre attention.

Je m'en excuse en même temps que je vous remercie de me l'avoir si bienveillamment accordée. Je solliciterai même de vous encore quelques instants de patience car il me paraît nécessaire, avant de définir, dans la forme usuelle, les conclusions que votre Commission de législation vous demandera d'approuver, de jeter un coup d'œil d'ensemble sur l'économie générale de cet important projet.

Il me semble qu'on pourrait réduire à deux termes les considérations qui ont provoqué cet effort législatif :

Déception occasionnée par l'insuccès relatif de la loi de 1884 et désir ardent de le réparer.

Ce désir se justifierait de lui-même si l'on pouvait aisément démontrer que l'échec dont on se plaint a été causé par des interventions injustes, par des pressions coupables. L'analyse des faits démontre, avec la dernière clarté, que, si l'intervention patronale a pu, dans le début, porter quelques atteintes aux libertés instituées par la loi de 1884, la part d'insuccès qu'il faut attribuer à cette cause est vraiment négligeable. (Serait-il trop hardi d'affirmer que si le patronat s'était injustement élevé contre un mouvement sérieux du monde des travailleurs, les digues qu'il eût tenté d'établir n'eussent été que plus violemment emportées?) Nulle part cependant nous n'avons vu seulement insinuer, même à titre d'hypothèse, que la cause de l'échec de la loi de 1884 pourrait bien se trouver dans nos mœurs, dans notre tempérament national, dans notre attachement à la liberté individuelle...

Ce désir se justifierait encore si l'on prouvait que la loi de 1884 a fait ses preuves et donné des résultats décisifs qui témoignent de son insuffisance, que la propriété nationale est subordonnée à la culture intensive des groupements syndicaux, sans que l'on ait à redouter que le principe de la liberté individuelle soit atteint par leur expansion factice. A la place de ces explications, nous n'entendons au contraire que de chaleureuses manifestations en faveur de la démocratie, des éloquentes protestations en faveur de la liberté, des déclarations d'une franchise plutôt rude contre l'institution du syndicat obligatoire et le rétablissement des corporations « oppressives et tyranniques de l'ancien régime », selon le mot de M. F. Passy.

Et il apparaît manifestement à nos yeux que les réformes proposées pour forcer le développement de cette institution, dont on n'explique pas plus l'insuccès qu'on ne peut justifier qu'elle soit indispensable au progrès social, ne peuvent avoir pour effet que de ruiner la liberté individuelle dont on proclame si hautement l'inviolabilité, de compromettre la vie même des syndicats que l'on veut rendre prospères et de retarder indéfiniment l'institution de la paix sociale en faveur de laquelle elles ont été prétendûment élaborées.

Tant de contradictions nous déconcertent et nous nous demandons si le distingué rapporteur de ce projet de loi n'aurait pas dû prendre à son compte l'avertissement qu'il donne aux Pouvoirs publics, lorsqu'il les met en garde contre l'imprudence de leur intervention « plus ou moins « consciente des résultats qu'elle prépare » !...

CONCLUSIONS

Les professions libérales paraissant n'avoir été privées du bénéfice de la loi de 1884 que par une interprétation trop étroite de l'esprit qui a inspiré cette loi, il nous paraît légitime d'autoriser les membres de ces professions à se constituer en syndicats professionnels.

Les anciens ouvriers étant exclus du bénéfice de la dite loi pour des raisons d'un caractère surtout politique et dans des conditions d'exclusivité qui ont mis en lumière, dans bien des circonstances, l'injustice de cette interdiction en même temps que l'inefficacité des garanties que la loi avait cherché à établir dans l'intérêt de l'ordre social, nous vous demandons, Messieurs, d'approuver que les anciens ouvriers *continuent* à faire partie d'un syndicat s'ils ont exercé leur profession pendant cinq ans au moins, ou soient admis à y *entrer* si, l'ayant exercée pendant cinq ans, ils ne l'ont pas quittée depuis plus de dix ans.

Il nous paraît également équitable d'admettre au bénéfice de la présente loi les employés et ouvriers de l'État, des départements, des communes et des établissements publics qui, *notoirement, ne sont point dépositaires d'une portion de la puissance publique ou qui n'appartiennent pas à des services publics intéressant la défense nationale.*

L'extension des avantages que propose la Commission du Travail au profit des Unions de syndicats, ainsi que *l'attribution aux associations syndicales* professionnelles *de la personnalité civile et de la capacité juridique* nous paraissant de nature à introduire dans ces groupements des idées d'ordre avec un plus juste sentiment de leur dignité et de leur responsabilité et un souci plus exclusif de l'amélioration légitime des intérêts professionnels, nous vous demandons de leur donner votre approbation.

En ce qui concerne *les articles 414 et 415 du Code pénal,* dont on prétend établir la caducité par la seule raison que les juges n'ont point fait usage de leur rigueur, mais dont l'abrogation serait assurément d'un effet moral désastreux, en donnant aux violences que ces articles pouvaient jusqu'ici réprimer l'apparence d'une atténuation de culpabilité, nous vous prions, Messieurs, d'en réclamer *le maintien.*

Quant à l'attribution de la capacité commerciale aux syndicats professionnels, nous vous demandons de sacrifier délibérément les avantages aléatoires qu'elle pourrait offrir à quelques groupements, en considération de l'influence funeste qu'elle aurait sur la vie même des syndicats, de la concurrence illégitime qu'elle organiserait, à l'abri d'injustifiables privilèges, contre les sociétés ordinaires, et de la perturbation qu'elle jetterait dans la législation des contrats.

En ce qui concerne enfin la définition d'un délit civil nouveau basé sur les entraves apportées à l'exercice de la loi de 1884 par voie de *renvoi* ou de *refus d'embauchage*, ainsi que la consécration, par la loi, de la mise en interdit, — même réduite à des cas déterminés qui seraient d'ailleurs la source d'incessants conflits — nous vous demandons, Messieurs, de les désapprouver avec la dernière énergie comme contraires à l'ordre public et à l'établissement si désirable de la paix sociale.

Ce rapport entendu, la Chambre en adopte les conclusions et les convertit en délibération.

Extrait certifié conforme :

Le Rapporteur,   *Le Président,*

Paul FOURNIER.   Paul DESBIEF.

ANNEXE

Loi de 1884	Modifications proposées par la Commission du travail	Modifications *qui résulteraient de la prise en considération des* Conclusions de la Chambre de Commerce de Marseille
ART. 1	ART. 1	ART. 1
Sont abrogés : la loi des 14-27 juin 1791 et l'article 416 du Code pénal. Les articles 291, 292, 293, 294 du Code pénal et la loi du 18 avril 1834 ne sont pas applicables aux syndicats professionnels.	Sont abrogés : la loi des 14-27 juin 1791 et les articles 414, 415 et 416 du Code pénal.	Sont abrogés : la loi des 14-27 juin 1791 et l'article 416 du Code pénal. Sont maintenus les articles 414 et 415 du Code pénal.
ART. 2	ART. 2	ART. 2
Les syndicats ou associations professionnels, même de plus de vingt personnes exerçant la même profession, des métiers similaires ou des professions connexes concourant à l'établissement de produits déterminés, pourront se constituer librement sans l'autorisation du gouvernement.	Ajouter les deux paragraphes suivants : 2. — Pourront continuer à faire partie d'un syndicat professionnel les personnes qui auront abandonné l'exercice de la profession, et pourront y entrer celles qui, ayant exercé la profession pendant cinq années au moins, ne l'auront pas quittée depuis plus de dix ans. 3. — La présente loi est applicable aux professions libérables et aux ouvriers et employés de l'État, des départements, des communes et des établissements publics qui ne détiennent aucune portion de la puissance publique.	Ajouter les deux paragraphes suivants : 2. — Pourront continuer à faire partie d'un syndicat professionnel les personnes qui auront abandonné une profession, *mais qui l'auront exercées pendant cinq ans au moins,* et pourront y entrer ceux qui, ayant exercé une profession *pendant cinq ans au moins, ne l'auront pas quittée depuis plus de dix ans.* 3. — La présente loi est applicable aux professions libérales et aux employés et ouvriers de l'État, des départements, des communes et des établissements publics qui *notoirement* ne sont points dépositaires de la puissance

publique *ou qui n'appartiennent pas à des services publics intéressant la défense nationale.*

ART. 3

Les syndicats professionnels ont exclusivement pour objet l'étude et la défense des intérêts économiques, industriels, commerciaux et agricoles.

ART. 3

Les syndicats professionnels ont exclusivement pour objet : 1° l'étude et la défense des intérêts économiques, industriels, commerciaux et agricoles ;

2° Les opérations diverses qui, ne se rattachant pas directement à ce premier objet, sont néanmoins expressément autorisées par la présente loi.

ART. 3

Conforme au texte proposé par la Commission du travail.

ART. 4

Les fondateurs de tout syndicat professionnel devront déposer les statuts et les noms de ceux qui, à un titre quelconque, seront chargés de l'administration ou de la direction.

Ce dépôt aura lieu à la mairie de la localité où le syndicat est établi et, à Paris, à la Préfecture de la Seine.

Ce dépôt sera renouvelé à chaque changement de la direction ou des statuts.

Communication des statuts devra être donnée, par le maire ou le préfet de la Seine, au procureur de la République.

Les membres de tout syndicat professionnel chargés de l'administration ou de la direction de ce syndicat devront être Français et jouir de leurs droits civils.

ART. 4

Sans changement.

ART. 4

Sans changement.

Les syndicats professionnels réguliè-rement constitués d'après les prescrip-tions de la présente loi, pourront libre-ment se concerter pour l'étude et la défense de leurs intérêts économiques, industriels, commerciaux et agricoles.

Ces Unions devront faire connaître, conformément au deuxième paragraphe de l'article 4, les noms des syndicats qui les composent.

Elles ne pourront posséder aucun immeuble ni ester en justice.

Les syndicats professionnels réguliè-rement constitués d'après les prescrip-tions de la présente loi, pourront libre-ment se concerter pour l'étude et la défense de leurs intérêts économiques, industriels, commerciaux et agricoles.

Les dispositions de l'article 4 sont applicables aux Unions de syndicats qui devront, en outre, faire connaître le nom des syndicats qui les composent.

Ces Unions pourront ester en justice. Elles pourront posséder les immeubles qui sont nécessaires à leurs bureaux, à leurs réunions et à leurs bibliothèques, cours d'instruction professionnelle, col-lections, laboratoires, champs d'expé-riences, abris pour bestiaux, pour ma-chines ou pour instruments, bourses de travail, ateliers d'apprentissage, hos-pices et hôpitaux.

Elles pourront recevoir les dons et legs avec affectation à ces institutions.

Les statuts prévoiront la destination de ces biens en cas de dissolution de l'Union.

Conforme au texte proposé par la Commission.

Les syndicats professionnels de pa-trons ou d'ouvriers auront le droit d'ester en justice.

Ils pourront employer les sommes provenant de cotisations.

Toutefois ils ne pourront acquérir d'autres immeubles que ceux qui seront

Les syndicats professionnels jouissent de la personnalité civile. Il ont le droit d'ester en justice et d'acquérir sans autorisation, à titre gratuit ou à titre onéreux, *des biens meubles ou immeu-bles.*

Ils pourront faire des actes de com-

Les syndicats professionnels jouissent de la personnalité civile. Ils ont le droit d'ester en justice et d'acquérir sans autorisation, à titre gratuit ou à titre onéreux, des biens meubles ou immeu-bles.

(*Ce paragraphe remplace les trois pre-*

nécessaires à leurs réunions, à leurs bibliothèques et à des cours d'instruction professionnelle.

Ils pourront, sans autorisation, mais en se conformant aux autres dispositions de la loi, constituer entre leurs membres des caisses spéciales de secours mutuels et de retraites.

Ils pourront librement créer et administrer des offices de renseignements pour les offres et demandes de travail.

Ils pourront être consultés sur tous les différends et toutes les questions se rattachant à leur spécialité.

Dans les affaires contentieuses, les avis du syndicat seront tenus à la disposition des parties qui pourront en prendre communication et copie.

merce en se conformant aux dispositions ci-après :

Les syndicats de plus de sept membres qui, dans le but d'exploiter une entreprise commerciale, *formeront une société à responsabilité limitée* régie par les lois du 24 juillet 1867 et du 1ᵉʳ août 1893, bénéficieront des *exceptions suivantes* aux dispositions desdites lois.

Le syndicat, personne civile, pourra être propriétaire de la totalité des actions. Dans ce cas, des syndiqués auront le droit d'être administrateurs sans être individuellement porteurs de parts ou actionnaires, et l'assemblée générale sera formée de mandataires désignés par le syndicat, chaque mandataire possédant une voix et tous étant considérés comme représentant chacun une part égale dans le capital social.

Si une société est formée par deux ou plusieurs syndicats, les statuts de cette société déterminent le nombre de mandataires délégués par chacun des syndicats actionnaires, tout délégué ayant une voix.

Quelle que soit l'importance du capital social, il pourra être divisé en actions et coupures d'actions de 25 francs. La société ne pourra être définitivement constituée qu'après la souscription de la totalité du capital et le versement en espèces, par chaque syndicat actionnaire, du quart des actions ou coupures d'actions souscrites par lui-même lorsqu'elles n'excèdent pas 25 francs. Si la société est à capital variable, le versement du dixième suffit.

miers paragraphes de la loi de 1884, les autres paragraphes de ladite loi étant maintenus sans l'adjonction des modifications proposées par la Commission du travail.)

Les syndicats pourront, en se conformant aux dispositions de la loi, constituer entre leurs membres des caisses
spéciales de secours mutuels et de
retraites.

Ils pourront etc.....

(Les trois derniers alinéas comme à
l'article 6 ancien.)

Art. 7

Tout membre d'un syndicat professionnel peut se retirer à tout instant de
l'association, nonobstant toute clause
contraire, mais sans préjudice du droit
pour le syndicat, de réclamer la cotisa-
tion de l'année courante.

Toute personne qui se retire d'un
syndicat conserve le droit d'être membre des sociétés de secours mutuels et
de pensions de retraites pour la vieil-
lesse à l'actif desquelles elle a contribué
par des cotisations ou versements de
fonds.

Art. 7

Tout membre d'un syndicat professionnel peut se retirer à tout instant de
l'association, nonobstant toute clause
contraire, mais sans préjudice du droit
pour le syndicat, de réclamer la cotisa-
tion de l'année courante, les cotisations
versées restant la propriété du syndicat.

Les statuts règlent le mode de liquida-
tion des droits appartenant, dans l'actif
commercial, aux associés qui cessent de
faire partie de ce syndicat soit par dé-
cès, soit autrement. Ils règlent également la destination des biens du syndicat
en cas de dissolution.

(Le dernier alinéa identique au dernier paragraphe de l'article 7 ancien.)

Art. 7

*Sans autre modification au texte pri-
mitif de la loi que la stipulation sui-
vante :*

Les statuts règlent la destination des
biens du syndicat en cas de dissolution,

Art. 8

Lorsque les biens auront été acquis
contrairement aux dispositions de l'article 6, la nullité de l'acquisition ou de
la libéralité pourra être demandée par
le procureur de la République ou par
les intéressés. Dans le cas d'acquisition
à titre onéreux, les immeubles seront
vendus et le prix en sera déposé à la

Art. 8

Lorsque les biens des Unions de syndicats auront été acquis contrairement
aux dispositions de l'article 5, la nullité,
etc. etc.

(Le reste de l'article comme à l'article
8 ancien.)

Art. 8

Conforme au texte proposé par la
Commission.

caisse de l'association. Dans le cas de libéralité, les biens feront retour aux disposants ou à leurs héritiers ou ayants-cause.

Art. 9

Les infractions aux dispositions des articles 2, 3, 4, 5 et 6 de la présente loi seront poursuivies contre les directeurs ou administrateurs, des syndicats et punies d'une amende de 16 à 200 francs.

Les tribunaux pourront, en outre, à la diligence du procureur de la République, prononcer la dissolution du syndicat et la nullité des acquisitions d'immeubles faites en violation des dispositions de l'article 6.

Au cas de fausse déclaration relative aux statuts et aux noms et qualités des administrateurs ou directeurs, l'amende pourra être portée à 500 francs.

Art. 9

Les infractions aux dispositions des articles 2, 3, 4, 5 et 6 de la présente loi seront poursuivies contre les directeurs ou administrateurs du syndicat ou de l'Union et punies d'une amende de 16 à 200 francs. Les tribunaux pourront, en outre, à la diligence du Procureur de la République, prononcer la dissolution du syndicat ou de l'Union et la nullité des acquisitions d'immeubles faites en violation des dispositions de l'article 5.

(Le deuxième alinéa comme à l'article 9 ancien, troisième alinéa.)

Art. 9

Conforme au texte proposé par la Commission.

Art. 10

Le présente loi est applicable à l'Algérie.

Elle est également applicable aux colonies de la Martinique, de la Guadeloupe et de la Réunion.

Toutefois les travailleurs étrangers et engagés sous le nom d'immigrants ne pourront faire partie des syndicats.

Art. 10

L'entrave volontaire apportée à l'exercice des droits reconnus par la présente loi, par la voie de refus d'embauchage ou de renvoi, la mise en interdit prononcée par le syndicat dans un but autre que d'assurer les conditions du travail fixées par lui et la jouissance des droits reconnus aux citoyens par la loi, constituent un délit civil et donnent lieu à l'action en réparation du préjudice causé. Cette action peut être exercée soit par la partie lésée, soit, dans

Art. 10

Conforme au texte de la loi de 1884.

le cas prévu au paragraphe premier,
par le syndicat.

Art. 11	Art. 11
(Comme l'article 10 de la loi du 21 mars 1884.)	Supprimé, se confond avec l'article précédent.

TABLE DES MATIÈRES

Marseille. — Typ. et Lith. BARLATIER, rue Venture, 19.

IMPRIMERIE·DV·SEMAPHORE

MARSEILLE

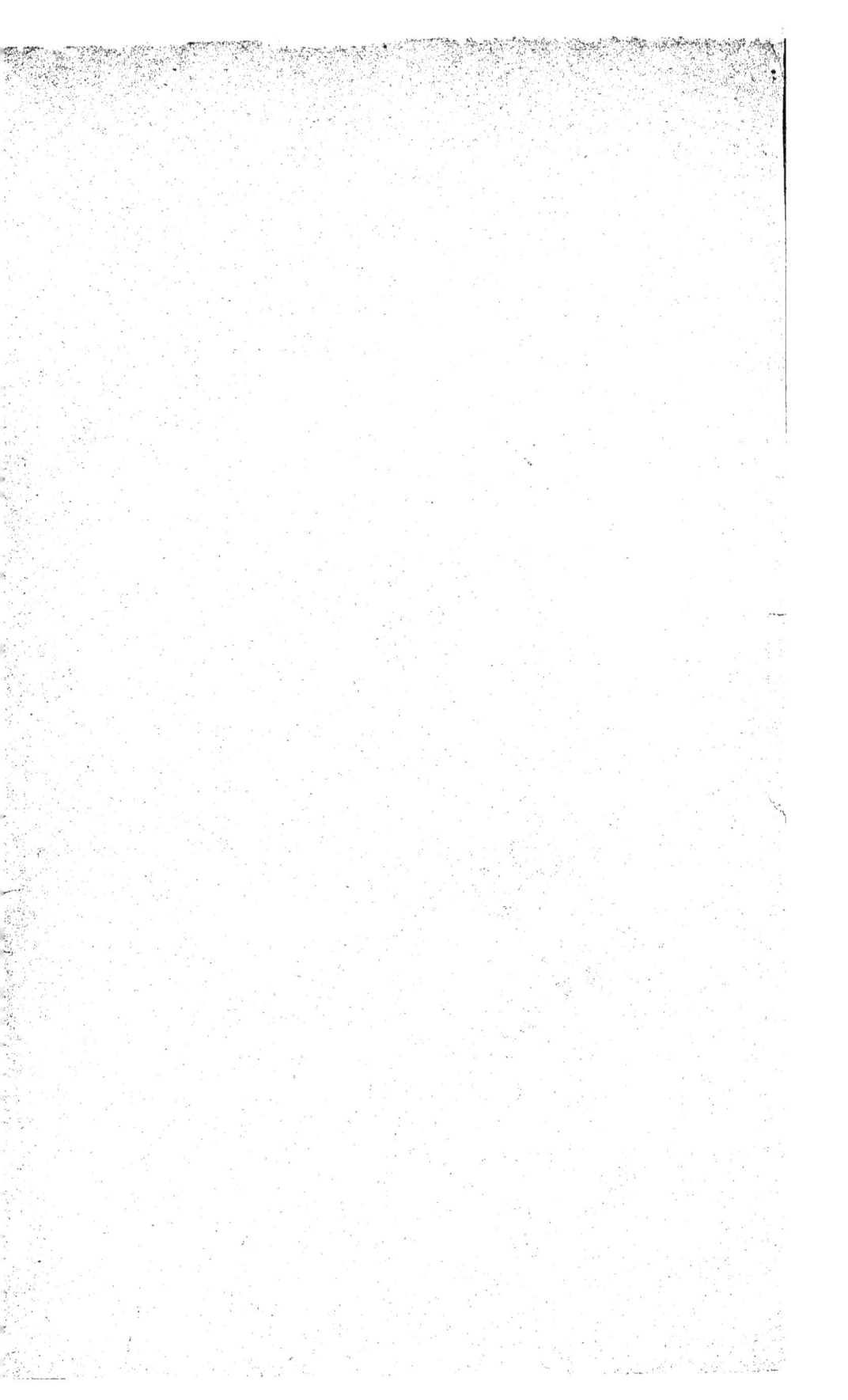

www.ingramcontent.com/pod-product-compliance
Lightning Source LLC
Chambersburg PA
CBHW070834210326

41520CB00011B/2246